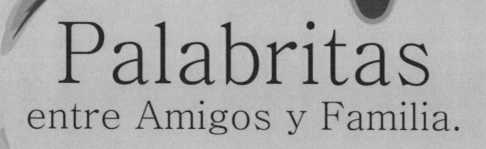

Palabritas
entre Amigos y Familia.

6 Aventuras

Méxicois!!!

Marina Rodríguez Rosas

Autor: Marina Rodríguez Rosas
Ilustradora: Manon Larivière
Revisión de textos (español): Sugeily Vilchis Arriola
Traducción de textos (francés): Alain Vachon
Textos y Diseño gráfico: Marina Rodríguez Rosas

Auteure: Marina Rodríguez Rosas
Illustratrice: Manon Larivière
Révision des textes (espagnol): Sugeily Vilchis Arriola
Traduction des textes (français): Alain Vachon
Textes, Graphisme et mise en pages: Marina Rodríguez Rosas

Número de Control de la Biblioteca del Congreso de EE. UU.:		2014921479
ISBN:	Tapa Blanda	978-1-4633-9712-8
	Libro Electrónico	978-1-4633-9713-5

Información de la imprenta disponible en la última página.

Fecha de revisión: 03/26/2015

Para realizar pedidos de este libro, contacte con:
Palibrio
1663 Liberty Drive
Suite 200
Bloomington, IN 47403
Gratis desde EE. UU. al 877.407.5847
Gratis desde México al 01.800.288.2243
Gratis desde España al 900.866.949
Desde otro país al +1.812.671.9757
Fax: 01.812.355.1576
ventas@palibrio.com
625020

ÍNDICE
(Table des Matières)

Aventura Uno
(Aventure Un)
"Lenguaje Matemático"
(Langage Mathématique)

Aventura Dos
(Aventure Deux)
"Explorar y Conocer el Mundo"
(Explorer et Connaître le Monde)

Aventura Tres
(Aventure Trois)
"Construcción de la Identidad"
(Construction de l'Identité)

Aventura Cuatro
(Aventure Quatre)
"Actividad Física y Salud"
(Activité Physique et Santé)

Aventura Cinco
(Aventure Cinq)
"Lenguaje Artístico"
(Langage Artístique)

Aventura Seis
(Aventure Six)
"Actividades y Comunicación"
(Activités et Communication)

Dedicatoria

Dédicace

Te doy gracias Cristo Jesús por tu amor, por ser mi guía espiritual, por darme una familia maravillosa, una linda profesión y sobre todo por darme una nueva vida.

Mil gracias mi amado Frédéric por tu comprensión, confianza y sobre todo por tu gran amor. A mi hija Ana Marina gracias por tu amor incondicional, a mi pequeña Ángel por tu ayuda y por ser parte de mi vida. Gracias a mi gran amor Andrés, mi principal inspiración.

Gracias Mami, Papi, San, Megane y Emmy por su amor, los amo. A mis queridos hermanos Graciela, Ignacio, Armando y Blanca Rodríguez.

Deseo igualmente expresar mi gratitud a Sra. Mélanie Boissonneault por toda la confianza que ha mostrado hacia mi trabajo con los niños y las niñas.

A Silvia Navarro mil gracias y a todos mis amigos.

Quiero dar gracias especialmente a todos los maestros que me formaron, patrones, colegas y a todos los alumnos que compartieron conmigo un aula en estos 20 años de trabajo dedicados a ustedes.

Me siento orgullosa de ser mexicana y poder compartir mi cultura y mi lengua con otros países, particularmente con los niños. Ellos merecen la oportunidad de conocer un mundo pleno de amor con "Palabritas entre amigos y familia", a favor de la paz para nuestros niños.

5

Marina Rodríguez Rosas

Mon doux Jésus-Christ, je te rends grâce pour ton amour, pour m'avoir donné une famille merveilleuse, une bonne profession et surtout pour être mon guide spirituel.

Mille remerciements à mon bien-aimé Frédéric pour ta compréhension et ton amour indéfectible. À Ana Marina que je sais gré pour son amour inconditionnel, à Angel pour faire partie de ma vie ainsi qu'à Andres, ma principale inspiration.

À Hélène, André, San, Mégane et Emmy que j'aime beaucoup. À mes chers frères et sœurs Graciela, Ignacio, Armando et Blanca Rodríguez.

Je souhaite également exprimer ma gratitude à Madame Mélanie Boissonneault pour toute la reconnaissance qu'elle me témoigne dans mon travail avec les enfants.

À Silvia Navarro et à tous mes amis.

Je voudrais spécialement remercier tous mes anciens professeurs, patrons, collègues ainsi que les élèves qui ont partagé ma classe depuis ces vingt dernières années.

Je suis fière d'être Mexicaine et de faire connaître ma culture et ma langue aux autres nationalités, particulièrement aux jeunes enfants. Ils méritent de connaître un monde rempli d'amour avec Palabritas entre amigos y Familia, un ouvrage pédagogique en faveur de la paix pour notre progéniture.

6

Marina Rodríguez Rosas

Aventura Uno
(Aventure Un)

"Lenguaje Matemático"
(Langage Mathématique)

Colores, Formas y Números
(Couleurs, Formes et Chiffres)

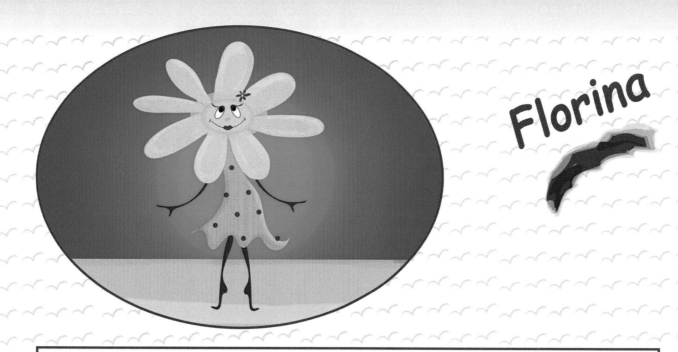

Florina

¡Hola, mi nombre es Florina!

Soy un poco tímida, pero esto es normal cuando comienzo nuevas amistades.
Desde muy pequeña logré distinguir dónde hay más o menos objetos, aprendí que aumentar me da más y disminuir me da menos; logré distinguir entre objetos pequeños, medianos y grandes. Pero lo más importante es que aprendí que jugar con números, formas y colores es súper divertido. "Palabritas entre Amigos y Familia" me enseñó a compartir juguetes, dulces y regalos. Ahora te invito a jugar con un nuevo "Lenguaje Matemático".

Allo! Mon nom est Florina!
Je suis un peu timide, mais pour moi c'est normal lorsque je commence de nouvelles amitiés.
Quand j'étais encore toute petite, j'ai réussi à distinguer où il y avait plus et moins d'objets.
J'ai appris à augmenter ou à diminuer le nombre de choses, j'ai aussi réussi à faire la distinction entre les petits, les moyens et les grands objets. Plus important, j'ai appris que jouer avec les chiffres, les formes et les couleurs est super divertissant. "Palabritas entre Amigos y Familia" m'enseigne à partager les jouets, les bonbons et les cadeaux. Maintenant, je t'invite à jouer avec un nouveau "Langage Mathématique".

Méxicois!!!

Lenguaje Matemático

(Langage Mathématique)

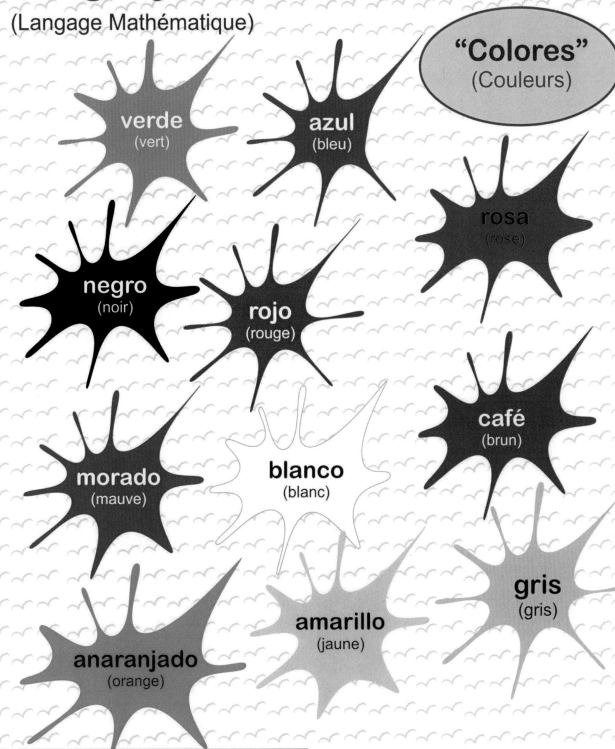

"Colores"
(Couleurs)

verde
(vert)

azul
(bleu)

rosa
(rose)

negro
(noir)

rojo
(rouge)

café
(brun)

morado
(mauve)

blanco
(blanc)

gris
(gris)

anaranjado
(orange)

amarillo
(jaune)

Pregunta 1.   ¿Qué color es?
Question 1.   Quelle est la couleur?

Lenguaje Matemático
(Langage Mathématique)

"Números"
(Chiffres)

12 *doce*
(douze)

11 *once*
(onze)

1 *uno*
(un)

10 *diez*
(dix)

2 *dos*
(deux)

9 *nueve*
(neuf)

3 *tres*
(trois)

8 *ocho*
(huit)

4 *cuatro*
(quatre)

7 *siete*
(sept)

6 *seis*
(six)

5 *cinco*
(cinq)

Pregunta 2.	¿Qué número es?
Question 2.	Quel est le chiffre?

12

Lenguaje Matemático

(Langage Mathématique)

"Formas"
(Formes)

triángulo
(triangle)

círculo
(cercle)

rectángulo
(rectangle)

línea
(ligne)

óvalo
(ovale)

cuadrado
(carré)

Pregunta 3.	¿Qué forma es?
Question 3.	Quelle est la forme?

Florina

Aventura Dos
(Aventure Deux)

"Explorar y Conocer el Mundo"
(Explorer et Connaître le Monde)

Naturaleza, Vida en Sociedad y Cultura
(Nature, Vie en société et Culture)

Aguilín

¡Hola, yo soy tu amigo Aguilín!

Soy curioso, explorador y observador; adoro la naturaleza, la sociedad y la familia.
Siempre escucho y observo con atención las cosas que transforman este mundo.
Quiero compartir contigo esta maravillosa aventura.
"Palabritas entre Amigos y Familia" nos llevará a "Explorar y Conocer el Mundo".

Allo! Je suis ton ami Aguilín!
Je suis curieux, explorateur et observateur. J'adore la nature, la société et la famille.
J' écoute et j'observe toujours avec attention les choses qui transforment le monde.
Je veux partager avec toi cette merveilleuse aventure.
"Palabritas entre Amigos y Familia" nous amènera à "Explorer et Connaître le Monde".

Méxicois!!!

Explorar y Conocer el Mundo

(Explorer et Connaître le Monde)

aire
(air)

"Animales"
(Les Animaux)

abeja
(abeille)

mariposa
(papillon)

pájaro
(oiseau)

Pregunta 4.   ¿Qué animal es?
Question 4.   Quel est cet animal?

17

Explorar y Conocer el Mundo

(Explorer et Connaître le Monde)

"Animales"
(Les Animaux)

Naturaleza (Nature)

tierra
(terre)

perro
(chien)

gato
(chat)

caballo
(cheval)

vaca
(vache)

Pregunta 5.	¿Qué animal es?
Question 5.	Quel est cet animal?

Explorar y Conocer el Mundo

(Explorer et Connaître le Monde)

"Animales"
(Les Animaux)

Naturaleza (Nature)

tierra
(terre)

jirafa
(girafe)

león
(lion)

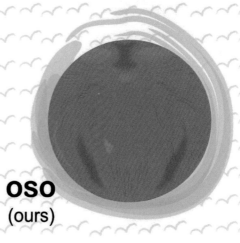

oso
(ours)

borrego
(mouton)

cebra
(zèbre)

Pregunta 6.	¿Qué animal es?
Question 6.	Quel est cet animal?

19

Explorar y Conocer el Mundo

(Explorer et Connaître le Monde)

"Animales"
(Les Animaux)

Naturaleza (Nature)

agua
(eau)

delfín
(Dauphin)

pez
(poisson)

pato
(canard)

tortuga
(tortue)

Pregunta 7.	¿Qué animal es?
Question 7.	Quel est cet animal?

20

Explorar y Conocer el Mundo

(Explorer et Connaître le Monde)

estaciones del año
(les saisons de l'année)

calor
(chaleur)

vacaciones
(vacances)

crema solar
(crème solaire)

playa
(plage)

sol (soleil)
flores (fleurs)

hoja (feuille)
árbol (arbre)

frío (froid)
nieve (neige)

primavera
(printemps)

verano
(été)

otoño
(automne)

invierno
(hiver)

Pregunta 8.	¿Qué estación es?	Pregunta 9.	¿Qué ves aquí?
Question 8.	Quelle est la saison?	Question 9.	Qu'est-ce que tu vois?

Explorar y Conocer el Mundo

(Explorer et Connaître le Monde)

Vida en Sociedad
(Vie en Société)

familia
(famille)

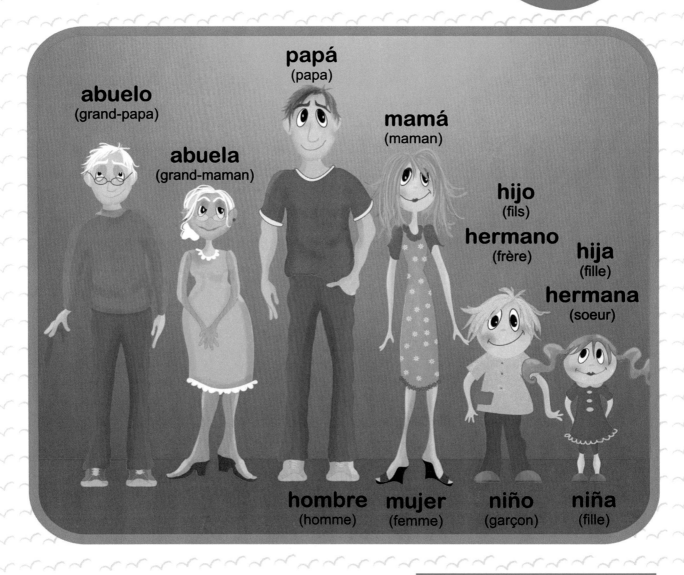

papá
(papa)

abuelo
(grand-papa)

abuela
(grand-maman)

mamá
(maman)

hijo
(fils)

hermano
(frère)

hija
(fille)

hermana
(soeur)

hombre
(homme)

mujer
(femme)

niño
(garçon)

niña
(fille)

Pregunta 10.   ¿Quién soy?
Question 10.   Qui suis-je?

Explorar y Conocer el Mundo

(Explorer et Connaître le Monde)

Vida en Sociedad
(Vie en Société)

profesiones
(professions)

doctor
(docteur)

chofer
(chauffeur)

profesor
(professeur)

dentista
(dentiste)

bombero
(pompier)

piloto
(pilote)

Pregunta 11.	¿Quién soy?
Question 11.	Qui suis-je?

Explorar y Conocer el Mundo

(Explorer et Connaître le Monde)

Vida en Sociedad
(Vie en Société)
escuela
(école)

lonchera
(boîte à lunch)

lápiz
(crayon)

pintura
(peinture)

tijeras
(ciseaux)

libro
(livre)

mochila
(sac à dos)

Pregunta 12.	¿Qué es esto?
Question 12.	Qu'est-ce que c'est?

Explorar y Conocer el Mundo

(Explorer et Connaître le Monde)

Vida en Sociedad
(Vie en Société)
mi ciudad
(ma Ville)

casa
(maison)

centro comercial
(centre commercial)

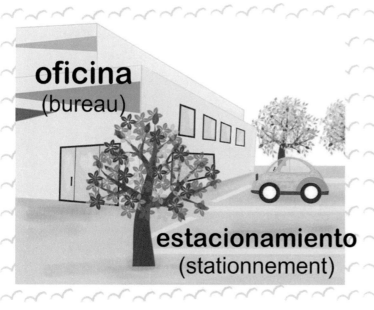

oficina
(bureau)

estacionamiento
(stationnement)

parque
(parc)

Pregunta 13.	¿Qué es esto?
Question 13.	Quésí-ce que c'est

Explorar y Conocer el Mundo

(Explorer et Connaître le Monde)

Vida en Sociedad
(Vie en Société)
transportes
(transports)

bicicleta
(bicyclette)

auto
(automobile)

barco
(bateau)

camión
(camion)

avión
(avion)

tren
(train)

Pregunta 14.	¿Qué es?
Question 14.	Qu'est-ce que c'est?

Explorar y Conocer el Mundo
(Explorer et Connaître le Monde)

mi calendario
(mon calendrier)

enero (janvier)	febrero (février)	marzo (mars)	abril (avril)
mayo (mai)	junio (juin)	julio (juillet)	agosto (août)
septiembre (septembre)	octubre (octobre)	noviembre (novembre)	diciembre (décembre)

lunes (lundi)	martes (mardi)	miércoles (mercredi)	jueves (jeudi)	viernes (vendredi)	sábado (samedi)	domingo (dimanche)

Ejercicio de repetición.
Exercice de répétition.

27

Explorar y Conocer el Mundo
(Explorer et Connaître le Monde)

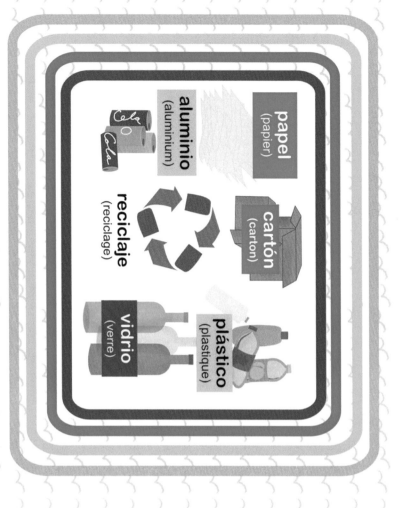

papel
(papier)

aluminio
(aluminium)

cartón
(carton)

reciclaje
(reciclaje)

vidrio
(verre)

plástico
(plastique)

* reducir * reutilizar * reciclar
(réduire)   (réutiliser)   (recycler)

Vida en Sociedad
(Vie en Société)
reciclaje
(recyclage)

vidrio

papel y cartón

plástico y metal

otros desechos

verre

papier et carton

plastique et aluminium

autres déchets

Pregunta 15.   ¿Qué material es?
Question 15.   Quel est ce matériau?

28

Aguilín

Aventura Tres
(Aventure Trois)

Construcción de la Identidad
(Construction de l'Identité)

Características físicas, Emociones, Socialización
(Caractéristiques physiques, Émotions, Socialisation)

Castorelo

¡Hola, mi nombre es Castorelo y soy Constructor!

Sé reconocer mis emociones; mi relación con los demás es estupenda y me gusta expresar mis necesidades; respeto a mi sociedad y sobre todo amo a mi familia. Con "Palabritas entre amigos y familia" logré una mejor "Construcción de Identidad".

Allo! Mon nom est Castorelo et je suis Constructeur!

Je sais reconnaître mes émotions. Ma relation avec les autres est formidable et j'aime exprimer mes besoins. Je respecte toutes les personnes et surtout, j'adore ma famille. Avec "Palabritas entre amigos y familia" j'ai réussi une meilleure "Construction de mon Identité".

Méxicois¡¡!

Construcción de Identidad
(Construction de l'Identité)

Socialización
(Socialisation)

"Características Físicas"
(Caractéristiques Physiques)

gris
(gris)

blanco
(blancs)

castaño (a)
(bruns)

pelirroja(o)
(roux)

güero (a)
(blonds)

pequeña(o)
(petit-e)

alto(a)
(grand-e)

delgada(o)
(mince)

Pregunta 16.   ¿Qué color de cabello es?
Question 16.   La couleur de ses cheveux est?

Socialización
(Socialisation)

"Mis Emociones"
(Mon Humeur)

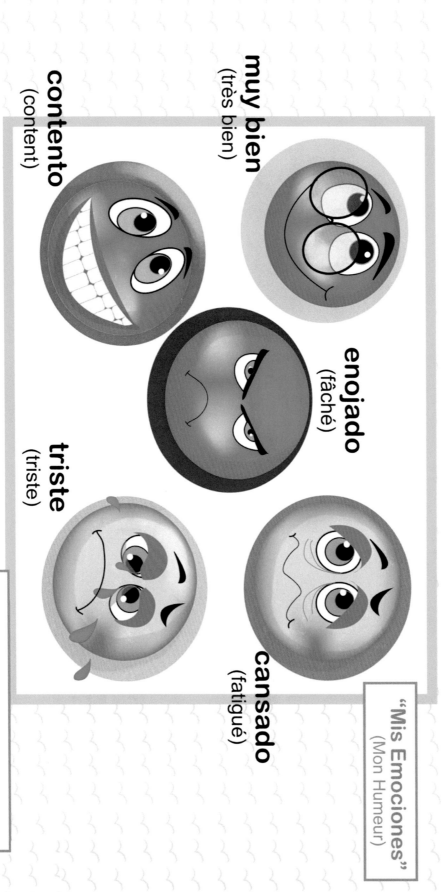

muy bien
(très bien)

contento
(content)

enojado
(fâché)

triste
(triste)

cansado
(fatigué)

Pregunta 17. ¿Cómo estás?
Question 17. Comment ça va?

Construcción de Identidad
(Construction de l'Identité)

Socialización
(Socialisation)

buenos días
(bonjour)

"Buenos Modales"
(les bonnes manières)

buenas noches
(bonne nuit)

hola
(allo)

hasta mañana
(à demain)

te quiero
(je t'aime)

descansa
(repose-toi)

gracias
(merci)

de nada
(de rien)

lo siento
(désolé)

por favor
(s'il vous plaît)

espera tu turno
(attends ton tour)

Ejercicio de repetición.
Exercice de répétition.

Castorelo

Aventura Cuatro
(Aventure Quatre)

4

"Actividad Física y Salud"
(Activité Physique et Santé)

Éste soy Yo, mis Movimientos, mi Alimentación, mi Higiene Personal
(C'est Moi, mes Mouvements, mon Alimentation, mon Hygiène Personnelle)

¡Hola, yo soy Guapo!

Me siento muy afortunado, siempre estoy contento y lleno de energía; tengo
un estado físico saludable, hago ejercicio y llevo una sana alimentación.
Te invito a conocer "Palabritas entre Amigos y Familia" con Léanne y Andrés.

Allo! Je suis Guapo!
Je suis très heureux, toujours content et plein d'énergie.
Je suis en bonne santé, je fais de l'exercice et je mange des aliments santé.
Je t'invite à connaître "Palabritas entre Amigos y Familia" avec Léanne et Andrés.

"Actividad Física y Salud"
(Activité Physique et Santé)

"Así soy yo"
(c'est moi)

cabeza
(tête)

cabello
(cheveux)

dientes
(dents)

boca
(bouche)

codos
(coudes)

manos
(mains)

ojos
(yeux)

nariz
(nez)

oídos
(oreilles)

hombros
(épaules)

dedos
(doigts)

rodillas
(genoux)

pies
(pieds)

Yo tengo...
Moi j'ai....

"Actividad Física y Salud"
(Activité Physique et Santé)

"Mis Movimientos"
(Mes Mouvements)

caminar
(marcher)

correr
(courir)

lanzar
(lancer)

saltar
(sauter)

atrapar
(attraper)

Hola, soy Andrés y me gusta ...

Allo, je suis Andrés et j'aime...

Actividad Física y Salud
(Activité Physique et Santé)

Frutas

(Fruits)

manzana
(pomme)

pera
(poire)

fresa
(fraise)

naranja
(orange)

plátano
(banane)

uva
(raisin)

| Pregunta 18. | ¿Qué fruta es? |
| Question 18. | Quel est ce fruit? |

Actividad Física y Salud

(Activité Physique et Santé)

legumbres

(Légumes)

"Alimentación"
(Alimentation)

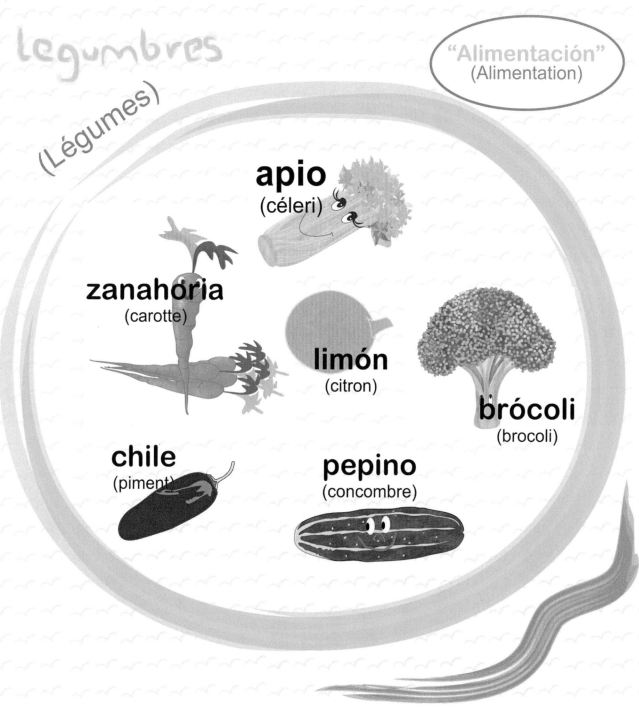

apio
(céleri)

zanahoria
(carotte)

limón
(citron)

brócoli
(brocoli)

chile
(piment)

pepino
(concombre)

Pregunta 19.   ¿Qué legumbre es?
Question 19.   Quel est ce légume?

42

Actividad Física y Salud
(Activité Physique et Santé)

"Alimentación"
(Alimentation)

pollo
(poulet)

jugo
(jus)

espagueti
(spaghetti)

leche
(lait)

Pregunta 20.	¿Qué es esto?
Question 20.	Qu'est-ce que c'est?

"Actividad Física y Salud"
(Activité Physique et Santé)

"Higiene Personal"
(Hygiène Personnelle)

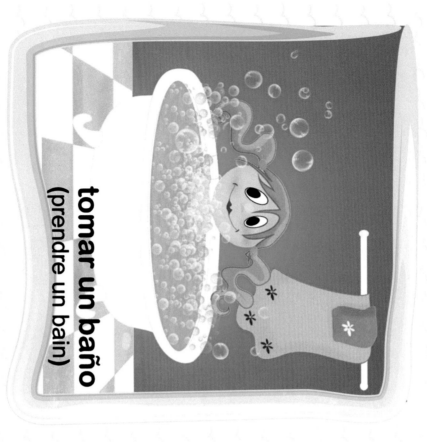

tomar un baño
(prendre un bain)

lavarme las manos
(me laver les mains)

Hola, soy Léanne y me gusta ...
Allo, je suis Léanne et j'aime...

44

"Actividad Física y Salud"
(Activité Physique et Santé)

"Higiene Personal"
(Hygiène Personnelle)

peinarme
(me peigner)

lavarme los dientes
(me brosser les dents)

Hola, soy Léanne y me gusta …

Allo, je suis Léanne et j'aime…

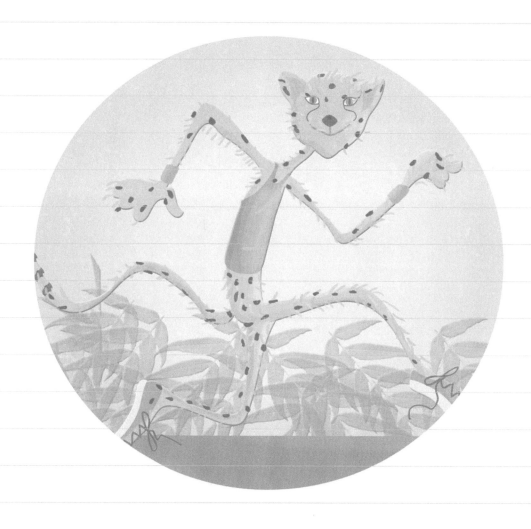

Aventura Cinco
(Aventure Cinq)

5

"Lenguaje Artístico"

(Langage Artistique)

Fiesta, Imaginación, Música
(Fête, Imagiation, Musique)

Renata

¡Hola, mi nombre es Renata! Pero prefiero que me digan, ¡Ranaaaaaart! Suena muy lindo.

Soy una artista muy colorida, mi cuerpo tiene diferentes texturas; soy hábil, creativa y... ¡Ah! soy una excelente bailarina. "Palabritas entre Amigos y Familia" me enseña a utilizar un "Lenguaje Artístico" que puedo poner en práctica cuando voy de viaje.
Captar los sonidos de la música, bailar, cantar, actuar y pintar son mis actividades favoritas.

Allo! Mon nom est Renata! Mais je préfère qu'on m'appelle Renaaaaaart! Ça sonne mieux.

Je suis une artiste très colorée, mon corps possède différentes textures. Je suis habile, créative, etc... ah! Je suis une excellente ballerine. " Palabritas entre Amigos y Familia" m'enseigne un "Langage Artistique" que je peux utiliser quand je voyage.
Écouter les sons de la musique, danser, jouer mon rôle et peindre sont mes activités préférées.

Méxicois ¡¡!

"Lenguaje Artístico"
(Langage Artistique)

"Fiesta"
(Fête)

globo
(ballon)

decoración
(décoration)

pastel
(gâteau)

amigos
(amis)

piñata
(piñata)

regalo
(cadeau)

Pregunta 21.   ¿Qué es esto?
Question 21.   Qu'est-ce que c'est?

"Lenguaje Artístico"
(Langage Artistique)

"Imaginación"
(Imagination)

reina
(reine)

rey
(roi)

príncipe
(prince)

historia
(histoire)

princesa
(princesse)

castillo
(château)

corona
(couronne)

espada
(épée)

Pregunta 22.   ¿Qué es esto?
Question 22.   Qu'est-ce que c'est?

"Lenguaje Artístico"
(Langage Artistique)

guitarra
(guitare)

"Música"
(Musique)

piano
(piano)

tambor
(tambour)

violín
(violon)

Pregunta 23.	¿Qué instrumento es?
Question 23.	Quel est cet instrument?

Aventura Seis
(Aventure Six)

"Actividades y Comunicación"
(Activités et Communication)

Cotorreto !!!

Vocabulario
(Vocabulaire)

Cotorreto y Florina
(Cotorreto et Florina)

Español	Français	English
Colores	**Couleurs**	**Colors**
verde	vert	green
azul	bleu	blue
negro	noir	black
rojo	rouge	red
rosa	rose	pink
morado	mauve	purple
blanco	blanc	white
café	brun	brown
anaranjado	orange	orange
amarillo	jaune	yellow
gris	gris	grey

Español	Français	English
Números	**Chiffres**	**Numbers**
uno	une	one
dos	deux	two
tres	trois	three
cuatro	quatre	four
cinco	cinq	five
seis	six	six
siete	sept	seven
ocho	huit	eight
nueve	neuf	nine
diez	dix	ten
once	onze	eleven
doce	douze	twelve

Español	Français	English
Formas	**Formes**	**Shapes**
triángulo	triangle	triangle
círculo	cercle	circle
òvalo	ovale	oval
rectángulo	rectangle	rectangle
línea	ligne	line
cuadrado	carré	square

Cotorreto y Aguilín
(Cotorreto et Aguilín)

Español	Français	English
Animales	**Animaux**	**Animals**
abeja	abeille	bee
mariposa	papillon	butterfly
pájaro	oiseau	bird
perro	chien	dog
gato	chat	cat
caballo	cheval	horse
vaca	vache	cow
jirafa	girafe	giraffe
león	lion	lion
oso	ours	bear
borrego	mouton	sheep
cebra	zèbre	zebra
delfín	dauphin	dolphin
pez	poisson	fish
pato	canard	duck
tortuga	tortue	turtle

Español	Français	English
Estaciones del año	**Saisons**	**Seasons**
primavera	printemps	spring
sol	soleil	sun
flores	fleurs	flowers
verano	été	summer
calor	chaleur	heat
vacaciones	vacance	vacation
crema solar	écran solaire	sunscreen
playa	plage	beach
otoño	automne	fall
hoja	feuille	leaf
árbol	arbre	tree
invierno	hiver	winter
frío	froid	cold
nieve	neige	snow

Español	Français	English
Familia	**Famille**	**Family**
abuelo	grand-papa	grandfather
abuela	grand-maman	grandmother
papá	papa	father
mamá	maman	mother
hijo	fils	son
hija	fille	daughter
hermano	frère	brother
hermana	sœur	sister
hombre	homme	man
mujer	femme	woman
niño	garçon	boy
niña	fille	girl

Vocabulario
(Vocabulaire)

Español	Français	English
Profesiones	**Professions**	**Professions**
doctor	docteur	doctor
profesor	professeur	teacher
chofer	chauffeur	driver
dentista	dentiste	dentist
bombero	pompier	fireman
piloto	pilote	pilot

Español	Français	English
Escuela	**École**	**School**
lonchera	boîte à lunch	lunchbox
lápiz	crayon	pencil
pintura	peinture	paint
tijeras	ciseaux	scissors
libro	livre	book
mochila	sac à dos	backpack

Español	Français	English
Mi Ciudad	**Ma Ville**	**My City**
casa	meison	home
centro comercial	centre commercial	mall
estacionamiento	stationnement	parking
parque	parc	park

Español	Français	English
Transportes	**Transports**	**Transportation**
bicicleta	bicyclette	bicycle
auto	automobile	car
barco	bateau	boat / ship
camión	camion	truck
avión	avion	airplane
tren	train	train

Español	Français	English
Mi Calendario	**Mon Calendrier**	**My Calendar**
enero	janvier	January
febrero	février	February
marzo	mars	March
abril	avril	April
mayo	mai	May
junio	juin	June
julio	juillet	July
agosto	août	August
septiembre	septembre	September
octubre	octobre	October
noviembre	novembre	November
diciembre	décembre	December
lunes	lundi	Monday
martes	mardi	Tuesday
miércoles	mercredi	Wednesday
jueves	jeudi	Thursday
viernes	vendredi	Friday
sábado	samedi	Saturday
domingo	dimanche	Sunday

Español	Français	English
Reciclaje	**Recyclage**	**Recycling**
papel	papier	paper
carton	carton	paperboard
plástico	plastique	plastic
vidrio	verre	glass

Cotorreto y Castorelo
(Cotorreto et Castorelo)

Español	Français	English
Características Físicas	**Caracteristics Physical**	**Physical Characteristics**
gris	gris	grey
blanco	blancs	white
castaño	bruns	brown
pelirrojo	roux	red-haired
güero	blonds	blond
alto(a)	grand-e	tall
pequeño(a)	mice	small
delgada(o)	petit-e	thin

Español	Français	English
Mis Emociones	**Mon Humeur**	**My Emotions**
muy bien	très bien	very good
enojado	fâché	angry
cansado	fatigué	tired (weary)
contento	content	happy
triste	triste	sad

Español	Français	English
Buenos Modales	**Les Bonnes Manières**	**Good Manners**
buenos días	bonjour	good morning
hola	allo	hi/hello
por favor	s'il vous plaît	please
gracias	merci	thank you
de nada	de rien	you're welcome
espera tu turno	attend ton tour	wait for your turn
lo siento	désolé	I am sorry
buenas noches	bonne nuit	good night
hasta mañana	à demain	see you tomorrow
te quiero	Je t'aime	I love you
descansa	repose-toi	take a rest

Vocabulario

(Vocabulaire)

Cotorreto y Guapo
(Cotorreto et Guapo)

Español	Français	English
Así soy yo	**C'est Moi**	**This is Me**
cabeza	tête	head
ojos	yeux	eyes
cabello	cheveux	hair
nariz	nez	nose
dientes	dents	teeth
oídos	ouïe	ears
boca	bouche	mouth
hombros	épaules	shoulders
codos	coudes	elbows
dedos	doigts	fingers
manos	mains	hands
rodillas	tour	knees
pies	pieds	feet

Español	Français	English
Mis Movimientos	**Mes Mouvements**	**My Movements**
correr	courir	to run
lanzar	lancer	to throw
caminar	marcher	to walk
saltar	sauter	to jump
atrapar	attraper	to catch

Español	Français	English
Alimentación frutas	**Alimentation Fruits**	**Food Fruit**
manzana	pomme	apple
pera	poire	pear
naranja	orange	orange
plátano	banane	banana
fresa	fraise	strawberry
uva	raisin	grape

Español	Français	English
Alimentación Legumbres	**Alimentation Légumes**	**Food vegetables**
apio	céleri	celery
zanahoria	carotte	carrot
limón	citron	lemon
brócoli	brocoli	broccoli
chile	piment	chili
pepino	concombre	cucumber

Español	Français	English
Alimentación	**Alimentation**	**Food**
pollo	poulet	chicken
jugo	jus	juice
espagueti	spaghetti	spaghetti
leche	lait	milk

Español	Français	English
Higiene Personal	**Hygiène Personnelle**	**Personal Hygiene**
tomar un baño	prendre un bain	to take a bath
lavarme la manos	me laver les mains	to wash my hands
lavarme los dientes	me brosser les dents	to brush my teeth
peinarme	me peigner	to brush my hair

Vocabulario
(Vocabulaire)

Cotorreto y Renata
(Cotorreto et Renata)

Español	Français	English
Fiesta	**Fête**	**Party**
globo	ballon	balloon
decoración	décoration	decoration
pastel	gâteau	cake
amigos	amis	friends
piñata	piñata	piñata
regalo	cadeau	gift

Español	Français	English
Imaginación	**Imagination**	**Imagination**
historia	histoire	history
rey	roi	king
reina	reine	queen
corona	couronne	crown
castillo	château	castle
princesa	princesse	princess
príncipe	prince	prince
espada	épée	sword

Español	Français	English
Música	**Musique**	**Music**
guitarra	guitare	guitar
piano	piano	piano
tambor	tambour	drum
violín	violon	violin

57

Actividades y Comunicación
(Activités et Communication)

"Asociación"
(Association)

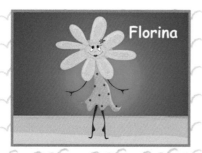 Florina

 Aguilín

 Castorelo

 Guapo

 Renata

2

Asocia la imagen a cada aventura.
Associe l'image avec chaque aventure.

Actividades y Comunicación
(Activités et Communication)

"Lotería"
(Bingo)

"Para Gloria de Dios"

Printed in the United States
By Bookmasters